BUDGETS D'AUTREFOIS
BUDGETS D'AUJOURD'HUI

PAR

LE COMTE DE LUÇAY

Membre de la Société nationale d'Agriculture

Prix : 15 Centimes.

PARIS

SOCIÉTÉ ANONYME DES PUBLICATIONS CONSERVATRICES

20, RUE BERGÈRE, 20

1885

BUDGETS D'AUTREFOIS

BUDGETS D'AUJOURD'HUI

PAR

LE COMTE DE LUÇAY

Membre de la Société nationale d'Agriculture.

————•————

PARIS

SOCIÉTÉ ANONYME DES PUBLICATIONS CONSERVATRICES

20, RUE BERGÈRE, 20

——

1885

BUDGETS D'AUTREFOIS

BUDGETS D'AUJOURD'HUI

Le *Journal officiel* du 9 août promulgue la loi de finances de l'exercice 1886. C'est le dernier acte de la Chambre qui, dans quelques semaines, va comparaître devant les électeurs et leur rendre ses comptes, comptes lourds à rendre pour la majorité, car, de mémoire parlementaire, aucune n'en a agi avec autant de désinvolture que celle de la législature 1881-1885 à l'égard de l'opinion comme à l'égard du pays.

Dès le début, ses tendances jacobines

se sont du reste affirmées en matière de finances, pour ne point varier. De parti pris, elle n'a jamais voté le budget, de l'élaboration duquel elle a constamment écarté tous les membres de la minorité, qu'à une époque de l'année où les droits de contrôle, que la constitution a attribués au Sénat, se trouvaient annihilés en fait. L'hiver dernier, on s'en souvient, ses procédés dilatoires ont été poussés à ce point que le temps matériel a fait défaut pour la promulgation de la loi de finances, et qu'on en a été réduit, pour ne pas arrêter dans sa marche toute la machine gouvernementale, à recourir à l'expédient, que les nécessités militaires du commencement du siècle avaient imposé au Consulat, sans que la comptabilité française l'ait vu se reproduire depuis : le vote en bloc, pour le premier trimestre, de crédits mis à la disposition arbitraire du gouvernement.

Cette année, l'expiration de son mandat interdisait à la Chambre de pareils agissements. La majorité n'a pas moins tout mis en œuvre pour empêcher la lumière de se faire sur sa gestion financière. Elle a inscrit à son ordre du jour, examiné et voté les budgets particuliers des dépenses des ministères avant que le rapport général sur le budget ait été même déposé, de telle sorte que, quand, à la suite d'un véritable steeple-chase de millions et de milliards couru en moins de cinq séances, la discussion s'est enfin ouverte sur ce rapport, on a pu dire avec raison qu'elle ne présentait plus qu'un intérêt rétrospectif et sans sanction pratique.

M. Thiers et l'Assemblée nationale, d'accord avec lui, avaient voulu que le budget renfermât dans un cadre unique les charges de toute nature, afin que, de même que le législateur, le public pût embrasser d'un seul coup d'œil les ressources et les charges du Trésor.

Un député, dont la compétence financière est hautement appréciée, comme les opinions républicaines sont universellement connues, M. Henri Germain, déclarait, il y a quelques jours, du haut de la tribune que, grâce au mode de comptabilité inauguré depuis 1879, le budget était devenu « inabordable à tous et incompréhensible ».

Cette déclaration de l'honorable député de l'Ain me servira, je l'espère, d'excuse auprès du lecteur, s'il ne trouve pas tous les éclaircissements qu'il pourrait souhaiter dans l'exposé succinct de l'état des finances républicaines, que je me propose de lui présenter aujourd'hui.

Pour l'intelligence plus complète du sujet, j'ai pensé qu'il convenait de faire précéder cet exposé de quelques indications rapides sur la gestion financière des régimes antérieurs à celui qui est aujourd'hui le nôtre.

I

BUDGETS D'AUTREFOIS

Lorsqu'un comptable rend ses comptes, c'est exclusivement sur les faits de sa gestion que la loi l'appelle à s'expliquer et, s'il est besoin, à se justifier. Il n'a pas à répondre des actes de ses prédécesseurs, comme il ne peut pas non plus invoquer à titre d'excuse des erreurs ou des dilapidations relevées dans ses propres écritures, celles que les mêmes prédécesseurs auraient antérieurement commises.

La majorité républicaine entend se soustraire à l'application de ce principe de droit. On lui demande ce qu'elle a

fait de l'argent et du crédit de la
France depuis qu'on lui a confié, ou
plutôt depuis qu'elle a pris la clef de la
caisse. Elle refuse de présenter son
bilan, et prétend se rejeter sur la ma-
nière dont les gouvernements précédents
auraient administré nos finances. « Ce
n'est pas un bon argument, remarquait
M. Wilson le 11 juillet dernier, que de
dire à un contradicteur : Nous vous
imitons ; vous avez mal fait, nous le
confessons, mais nous nous appuyons
sur ce que vous avez fait dans le passé,
afin de nous justifier dans le présent. »
Mais d'ailleurs, l'argument porte-t-il ?
La gestion financière de la monarchie
de Juillet, du second empire, de l'Assemblée nationale de 1871, mérite-t-
elle les reproches qu'on se plaît à lui
adresser, les critiques qu'on formule
contre elle ?
Les chiffres sont là pour donner un
complet démenti.
En 1847, dernière année de la monar-

chie de Juillet, le budget s'éleva à 1,629 millions. Ce total, représentant une charge de 46 francs par tête, comprenait les dépenses de l'État tant ordinaires qu'extraordinaires, ainsi que l'amortissement, les dépenses des départements et les dépenses des communes, celles-ci pour la part qui figure annuellement dans la loi de finances. Les contributions directes produisaient en fonds généraux 292 millions, en fonds spéciaux 131 millions. La dette flottante était, au 1er janvier 1848, de 630 millions; les capitaux remboursables à divers titres atteignaient à peine 42 millions. La monarchie de Juillet n'avait accru la dette consolidée que de 2,900,000 francs en moyenne par an, et cependant la France lui devait l'organisation de l'instruction primaire, la création et le développement du réseau des chemins vicinaux, les premières grandes lignes de chemins de fer, dont 4,034 kilomètres se trouvaient concédés au moment où éclata la révolution du 24 Février.

1869 est le dernier exercice normal du second empire. Le montant total des dépenses de cet exercice, générales, départementales et communales, fut de 2,225 millions, soit une charge de 58 francs par tête. La part du budget ordinaire de l'État, y compris celui de l'amortissement doté de revenus propres et effectifs, se chiffrait par 1,700 millions. Les contributions directes produisaient en fonds généraux 332 millions, en fonds spéciaux, 243 millions. La dette flottante était, au 1er janvier 1870, de 794 millions. Le chapitre des capitaux remboursables à divers titres nécessitait un crédit de 77 millions. L'empire avait accru la dette consolidée de 7 millions et demi par an en moyenne; mais, sans parler de l'impulsion donnée à l'instruction, de l'extension des voies vicinales de communication dont le budget se trouvait presque doublé, il avait doté le pays d'un réseau de chemins de fer qui comprenait 23,400 kilomètres d'intérêt général, dont 17,000 livrés à l'exploitation et 1,941 kilomètres d'intérêt local. 7 milliards et demi avaient été consacrés, tant par l'Etat, que par les compagnies pour la grosse part, à cette œuvre féconde qui se développait depuis 1852 à raison de 833 kilomètres par an en moyenne. Le mouvement du commerce extérieur était passé de 2,246 millions en 1852 à 6,228 millions en 1869, et les exportations avaient, dans la dernière période quinquennale, présenté au bénéfice des producteurs français un excédent annuel de 100 millions. Le prix moyen de l'hectolitre de blé était en 1869 de 20 fr. 31.

En 1876, grâce à l habile gestion de l'Assemblée nationale, aux sacrifices vaillamment consentis par les contribuables, on pouvait considérer comme terminée la liquidation des désastres de 1870-1871, désastres dont, suivant la

déclaration de M. Thiers, le 20 juin
1871, à l'Assemblée nationale, la respon-
sabilité incombait par égale portion à
l'empire qui avait déclaré la guerre, au
gouvernement de la Défense nationale
qui l'avait prolongée outre mesure et
poussée aux extrémités par passion de
parti. On pouvait en même temps pré-
voir l'époque prochaine où des excé-
dents certains de recettes permettraient
le dégrèvement graduel des 700 millions
d'impôts nouveaux, dont le patriotisme
du pays avait assumé la charge,
mais à titre expressément temporaire.
Le budget de 1876 s'éleva en dépenses de
toutes natures, tant générales que loca-
les, à 3,091 millions, soit 83 fr. 75 par
tête. Il présenta en clôture un excédent
de recettes de 98 millions. Le total de
la dette flottante au 1er janvier 1877
était d'un milliard. Le chapitre des capitaux remboursables à divers titres atteignait 284 millions, sur lesquels 155
étaient affectés au remboursement du

prêt fait par la Banque de France. Le mouvement du commerce extérieur se chiffra, en 1876, par 7,564 millions. Les exportations dépassèrent, comme avant 1870, de 100 millions les importations dans la période quinquennale 1872-1876; de 1871 à 1876, 6,307 kilomètres de chemins de fer avaient été livrés à l'exploitation. L'hectolitre de blé fut, en 1876, coté au prix moyen de 20 fr. 59.

En 1876, le budget était en équilibre. Les recettes normales de l'État montaient à 2,775 millions. Jusqu'en 1882, elles ont continué à croître dans de notables proportions, et cependant 250 millions avaient été votés par la majorité en dégrèvements électoraux à l'époque du renouvellement parlementaire, d'où est sortie la Chambre actuelle.

Le pays a été assez laborieux, assez économe, assez énergique, comme le constatait dernièrement M. Henri Germain (Séance du 10 juillet 1885), ses ressources financières avaient été assez

sagement ménagées par les gouvernements précédents, pour qu'au lendemain
de la guerre, et après une augmentation
de 700 millions d'impôts, il ait pu présenter le spectacle unique d'une seconde
augmentation, sans impôts nouveaux,
de 100 millions par an pendant sept ans.

En présence d'un pareil et si louable
effort, il avait assurément droit à de bon-
nes finances. Il ne les a pas eues. Fas-
cinées par le mirage des millions, les
Chambres républicaines se sont lancées
à corps perdu dans des entreprises aussi
coûteuses que stériles et criminelles. Le
budget des dépenses a présenté en pleine
paix, malgré la progression des recettes,
un déficit annuel de 600 millions.

A ce train-là, c'est en dix ans un déficit de 6 milliards, et il y en a déjà
quatre de consommés.

Si les électeurs ne se décident à y
mettre ordre, le crédit et les finances
de la France touchent à une prochaine
et irréparable ruine.

II

BUDGETS D'AUJOURD'HUI

En 1876, le budget était en équilibre; sans recourir sous aucune forme à l'emprunt, il pourvoyait plus que suffisamment à toutes les dépenses ordinaires et extraordinaires de l'État, et appliquait 156 millions à un amortissement effectif. L'invasion et la guerre civile avaient accru les charges annuelles de 568 millions; mais les impôts nouveaux, créés pour y faire face, produisaient 700 millions. Il y eut, en fin d'exercice, un excédent de recettes de 98 millions.

L'exercice 1877 se solda dans les

mêmes conditions favorables que celui de 1876.

A partir de 1878, l'équilibre a été brusquement rompu. La prise de possession du pouvoir par les républicains a ouvert l'ère des déficits.

En dix ans, les dépenses ont progressé de 1,100 millions. Depuis 1881, elles dépassent annuellement de 600 millions les recettes normales, bien que celles-ci aient donné, sur la période antérieure, une plus-value de 500 millions, qui eût dù suffire amplement à toutes les améliorations, à toutes les entreprises utiles.

De 1879 à 1885, en sept ans, l'excédent total des dépenses sur les recettes a été de 4,561 millions. Le Trésor a dù les demander à l'emprunt jusqu'à concurrence de 3,166 millions, et imputer le surplus sur les ressources de la dette flottante.

Le budget de 1886 présentera le même déficit de 600 millions que les précédents. Il apparaît réglé en équilibre sur le papier, mais ce n'est qu'à l'aide d'un artifice de comptabilité qui rejette à la charge de l'emprunt un certain nombre de dépenses ordinaires, à l'aide d'atténuations fictives qui disparaîtront en cours d'exercice devant la nécessité de crédits supplémentaires.

Comment s'est produit l'excédent de 1,100 millions de dépenses, dont 800 millions au moins incombent au budget ordinaire ? Une rapide comparaison des budgets de 1876 et de 1886, tels que les ont fixés les lois de finances des 3 août 1875 et 8 août 1885, le fera connaître.

Il y a d'abord la *dette publique*, les *dotations et dépenses des pouvoirs législatifs*. Elles étaient prévues au budget de 1876 pour 1,182 ou plutôt 1,148 millions, si l'on tient compte, comme on le doit pour l'exactitude de la comparaison, des 34 millions d'économies qu'a procurées la conversion de

1883 au détriment des porteurs de 5 0/0. Elles sont prévues au budget de 1886 pour 1,357 millions, et les prévisions sont sciemment incomplètes. Ainsi, on ne demande que 32 millions pour les intérêts de la dette flottante, qui atteignait 1,430 millions au 31 mai dernier, qui sera de 2 milliards en 1886.

Les républicains font sonner bien haut qu'ils ont tenu fermé le Grand Livre de la dette publique. Ils omettent de parler des rentes amortissables, émises déjà pour un capital nominal de 4,070 millions, ainsi que de cette série de petits livres qu'ils ont ouverts au compte de caisses spéciales, sous le nom desquelles ils empruntent continuellement à 5 0/0, tandis que directement l'Etat trouverait de l'argent à 3 1/2 et même 3 1/4 0/0. Le Trésor était, au 1er janvier 1884, chargé, du fait de la gestion postérieure à 1879, de 8 milliards 313 millions, qui grèveront les générations futures jusqu'en 1954 de lourdes annuités. Ces annuités sont encore destinées à s'accroître et à brève échéance. Pour les seuls chemins de fer, elles ne sont actuellement que de 16 millions ; dans 6 à 7 ans, elles atteindront de 90 à 100 millions.

Les républicains prétendent qu'ils amortissent. Est-ce sérieusement amortir que de rembourser 150 millions d'une main, et d'en emprunter, la même année, 7 à 800 de l'autre, comme on l'a fait dans les derniers exercices, comme on le fera en 1886 ?

Il y a ensuite les *services généraux des ministères*.

Ils étaient, avec les frais de régie et de perception des impôts, prévus, en 1876, à 1,360,421,618 francs. Ils sont prévus pour 1886 à 2,170,448,589 francs.

Les services civils prélevaient, en 1876, 694,256,067 francs ; ils prélèveront 1,284,629,089 francs en 1886.

Les deux totaux de 2,170 millions et de 1,284 millions comprennent l'ensemble des travaux extraordinaires à exécuter en 1886 et notamment les 268 millions que les compagnies, agissant au compte et sous la garantie de l'État, conformément aux conventions, appliqueront pendant ledit exercice aux travaux du 3e réseau. Mal conçus, trop hâtivement exécutés dans des conditions de cherté qui ne répondent ni au but à atteindre, ni au revenu à espérer, — le réseau en cours ne desservira que 230 habitants par kilomètre, tandis que les anciens réseaux en desservent 790, — ces travaux ont en outre le tort grave d'avoir organisé sur l'ensemble du territoire de véritables ateliers nationaux qui enlèvent les bras et les capitaux à l'agriculture comme au commerce et à l'industrie, sans que la moyenne annuelle des kilomètres livrés depuis 1879 à l'exploitation ait pu dépasser celle de 1852 à 1870.

Le budget ordinaire, c'est-à-dire l'impôt, ne pourvoira à l'exécution des travaux extraordinaires, en 1886, que pour la somme minime de 14 millions, tandis qu'en 1876 132 millions de ce même budget se trouvaient affectés auxdits travaux.

Tous les autres services civils ont pris plus ou moins leur part de l'exorbitant accroissement constaté depuis 1876 dans les crédits du budget ordinaire. Il n'y a d'exception que pour les cultes, dont l'aveugle haine de nos gouvernants a systématiquement rogné la dotation, au grand détriment à la fois des déshérités de la fortune à l'intérieur, au dehors, de l'influence du nom français. Par contre, le budget ordinaire de l'instruction publique a passé de 38 millions et demi à 132, et la commission des finances n'hésite pas à indiquer, comme but à atteindre avant dix ans, l'élévation de ce total à 250 millions. Jusqu'à présent cependant, en ce qui concerne l'enseignement primaire, les résultats ont été loin de répondre aux sacrifices imposés aux contribuables. Les palais scolaires, édifiés à grands frais sur fonds d'emprunt, sont trop grands pour les maîtres, dont la situation matérielle n'a point été améliorée; pour les élèves, dont le nombre ne s'est pas sensiblement accru depuis la mise en vigueur de la loi du 28 mars 1882.

En 1876, l'armée et la marine coûtaient 666 millions. En 1886, sans parler des deux milliards dépensés pour notre reconstitution militaire, soit le double des prévisions de M. Thiers, elles coûteront 885 millions, et ce total, supérieur à celui inscrit au budget des autres grandes puissances continentales sera nécessairement dépassé. Le Tonkin, pour lequel 250 millions de crédits ont été déjà votés en 1885, et qui malgré la paix, exige, au dire de M. Clémenceau, 35,000 hommes de troupes et en immobilise 100,000, ne figure, en effet, que pour *mémoire* au budget de 1886, et il en est de même de Madagascar, du Cambodge, d'Obock et du Congo. La politique coloniale pratiquée par les républicains revient déjà à 775 millions (soit une annuité de 38 millions) que l'on peut considérer comme placés à fonds perdus, et combien faudra-t-il encore de placements de ce genre pour nous assurer définitivement des possessions absolument inutiles au développement de notre commerce? Il convient, en outre, de ne pas oublier les charges budgétaires qu'entraînera fatalement la nouvelle loi sur le recrutement, que vient de voter la Chambre sans tenir compte du contre-projet de MM. Reille et Lanjuinais, lequel, conservant les deux portions du contingent et réduisant la présence sous les drapeaux à dix-huit mois, aurait donné des économies importantes, en même temps qu'allégé, pour nos populations agricoles et industrielles, le poids si lourd du service obligatoire.

Un déficit de 600 millions, se reproduisant annuellement depuis quatre ans, est un fait trop grave et trop anormal pour ne pas appeler une réforme. Il faudra dès l'an prochain un emprunt d'un milliard et demi pour liquider la situation ; il faudra, en 1887 au plus tard, 200 millions d'impôts nouveaux. La déclaration, faite à ce sujet au mois de novembre dernier par M. Jules Ferry à la commission du budget, et qu'il a vainement essayé de rétracter, trouve dans l'exposé des motifs du budget de 1886 sa confirmation.

Si aux 3,600 millions du budget de l'État, on ajoute le montant des budgets locaux ainsi que d'inévitables crédits supplémentaires, on arrive, pour 1886, à 4,200 millions, soit le double de la totalité du revenu foncier annuel de la France. C'est par tête, en comptant depuis l'enfant qui vient de naître jusqu'au vieillard qui va mourir, une charge de 115 francs.

Écrasé sous le poids d'un tel impôt, comment le producteur français pourrait-il soutenir la concurrence du producteur mieux traité des pays étrangers? Toutes les branches de l'industrie nationale languissent et périclitent. Depuis 1879, la fortune immobilière rurale a baissé de 25 à 30, 40 même 0/0 ; la plupart des usines chôment ou réduisent le salaire des ouvriers qu'elles n'ont pas encore congédiés; le portefeuille de la Banque et des établissements de crédit témoigne de la stagnation où sont tombées les affaires. Dans la dernière période quinquennale, les importations ont excédé les exportations de 1,328 millions par an en moyenne ; d'août 1884 à août 1885, notre marché intérieur a reçu 10,333,659 quintaux de céréales contre 85,713 qu'il a exportés. Le prix de l'hectolitre de blé n'est plus actuellement que de 16 francs environ en moyenne.

Les indications qui précèdent sont

tirées de documents officiels, et qui défient la contradiction. Le gouvernement a toutefois eu garde de les grouper ainsi que nous venons de le faire, et d'exposer au pays la situation telle qu'elle est; car celui-ci, dûment éclairé, se fût depuis longtemps refusé à le suivre. D'accord avec la majorité, il a institué un système de comptabilité fictive, grâce auquel, avec un déficit reconnu de 600 millions, il arrive néanmoins à aligner le budget et à le doter même d'un amortissement *sérieusement établi sur le papier*. Le procédé est simple du reste; il consiste à distraire du service ordinaire les dépenses qui gênent l'équilibre, pour les imputer au compte de caisses spéciales, exclusivement alimentées par l'emprunt. Ces caisses remplacent avantageusement le budget extraordinaire, dont le nom et le caractère apparaissaient trop aux regards. Il y en a déjà actuellement six qui fonctionnent:

la caisse des chemins de fer français, la
caisse des chemins de fer algériens,
ensemble 300 millions par an; la caisse
des garanties d'intérêts de ces deux
catégories de chemins qui exigera, en
1886, 63 millions, sans compter les
surprises que réservent en clôture les
moins-values de l'exercice ; la caisse
des chambres de commerce auxquelles
on emprunte, en 1886, 22 millions et
demi ; la caisse des chemins vicinaux,
dont la dotation atteignait 743 millions au 31 décembre 1884 ; la caisse
des écoles, collèges et lycées qui,
à la même date, avait déjà absorbé
545 millions, qui en réclame 600 de
plus (¹), en attendant la création d'une

(¹) Une loi du 22 juillet 1885 vient de régler
l'apurement des opérations de la caisse des
chemins vicinaux et de la caisse des lycées et
écoles au 31 décembre 1884. A cette date, les
engagements pris par l'Etat s'élevaient à 1,288
millions. 871 millions sont déjà versés. Il
restait à pourvoir à 416 millions, dont
96 millions sont gagés; le payement du
surplus sera assuré par l'émission de 319

septième caisse, qui sera celle du Tonkin et de Madagascar.

Aujourd'hui, les rouages financiers se trouvent intentionnellement compliqués à ce point que M. Henri Germain a pu dire, le 10 juillet : « Lorsqu'on veut maintenant connaître le budget, il faut le chercher hors du budget. » Le même député appréciait « la comptabilité particulière au gouvernement » en ces terme sévères : « Je ne me permettrai pas de la recommander aux commerçants, parce que, s'ils l'appliquaient, il y a des tribunaux réactionnaires qui seraient dans le cas de leur appliquer la loi pénale. »

Systématiquement exclue pendant toute la durée de la présente législa-

---

millions d'obligations à court terme. La loi du 22 juillet n'a réglé que le passé. Une autre loi du 28 juin 1885 pourvoit à l'avenir par l'établissement d'annuités, qui s'élèveront graduellement jusqu'à 16 millions, et serviront à couvrir les dépenses nouvelles, dès à présent prévues pour l'instruction publique à 600 millions.

ture de la commission du budget, la minorité conservatrice n'en a pas moins travaillé sans relâche à faire la lumière sur tous ces faits. L'an dernier, elle déposait, mais sans succès, une proposition, signée de 84 de ses membres, réclamant la réforme de la comptabilité publique et concluant à la possibilité de 317 millions d'économies immédiates. Le 11 juin 1885, au nom des mêmes signataires, M. d'Aillières a demandé la nomination d'une commission parlementaire, chargée d'établir le déficit réel des derniers exercices, ainsi que le montant des dettes et engagements de toute nature contractés par l'Etat.

La majorité n'a trouvé d'autre réponse à faire à cette demande que la question préalable.

Elle n'a pas osé aborder une discussion, qui eût été la condamnation certaine de sa gestion financière.

TABLEAU COMPARATIF DES BUDGETS DES DÉPENSES DE 1876 ET DE 1886

D'APRÈS LES LOIS DE FINANCES DES 3 AOUT 1875 ET 8 AOUT 1885

	1876.	1886.
Dette publique, dotations et dépenses des pouvoirs législatifs......	1.181.042.281	1.357.209.974(1)
Services généraux des ministères (2) :		
Finances...............	186.984.135	203.976.473
Justice.............	33.939.190	38.102.800
Affaires étrangères ...	11.255.500	14.163.000
Intérieur, y compris la subvention aux chemins vicinaux.....	60.158.968	74.307.399
Algérie (gouvernement civil)...............	5.350.535	7.542.940
Postes et télégraphes...	88.099.903	136.236.115
Instruction publique...	38.415.415	131.993.455
Beaux-arts...........	14.744.874	13.815.053
Cultes...............	53.194.995	46.348.763
Commerce...........	7.644.329	20.753.582
Agriculture...........	27.356.851	39.820.673
Travaux publics : budgets ordinaire et extraordinaire.........	167.411.372	557.497.934(3)
Guerre, services ordinaire et extraordinaire	500.038.113	648.128.238(4)
Marine...............	136.108.421	200.392.937
Colonies.............	39.019.015	37.294.325
Remboursements et restitutions, non-valeurs et primes...........	21.348.856	19.799.340

(1) Pour l'exactitude de la comparaison, il faut tenir compte des 34 millions d'économies annuelles réalisées depuis 1883 par la conversion du 5 0/0. — Le total des engagements contractés par le Trésor depuis 1879 était, au 1er janvier 1884, de 8,313 millions, dont 4,070 millions d'amortissable ; il sera en 1886 de 9 milliards. — Pensions civiles, 1876 : 35 millions, 1886 : 60,850,000 fr. y compris les traitements de réforme des magistrats dépossédés en 1883. Indemnités viagères, allouées par la loi du 30 juillet 1881 aux soi-disant victimes du 2 décembre : 8 millions.

(2) L'ensemble des traitements civils s'élevait en 1876 à 286 millions ; il atteint 397 millions et demi pour 1886.

(3) Ce total se décompose ainsi : Budget ordinaire, 113 millions 893,867 francs ; budget extraordinaire, 90,138,400 francs ; Caisse des garanties d'intérêts aux chemins de fer français et algériens, 63,000,000 de francs ; avances des chambres de commerce pour les ports maritimes, 22,466,667 francs ; budget spécial des conventions de chemins de fer, 268,000,000 de francs. Les 457 millions de travaux extraordinaires, prévus pour 1886, seront, à 14 millions près, exclusivement acquittés par l'emprunt, tandis que les 132 millions de travaux extraordinaires de 1876 ont été soldés à l'aide des seules ressources ordinaires.

(4) Le Tonkin, le Cambodge, Madagascar, Obock, le Congo ne figurent que *pour mémoire* au budget de 1886, de même que l'armée coloniale.

IMPRIMERIE CENTRALE DES CHEMINS DE FER. — IMP. CHAIX.
RUE BERGÈRE, 20, PARIS. — 19852-5.